人生100年時代
元気で長生き　深く長息!!

臨済宗建仁寺派 高台寺　副執事
小泉倖祥 著

1987年、埼玉県与野駅前でマイクを持った私

そして31年後、滋賀県大津市大津京駅前で

皆様のお陰で無事当選を果たし
一般質問に立つ

その後12年間、多くの友人の立候補には
応援にかけつける

臨済宗の本山、建仁寺

「叶う禅呼吸法」…吐く時は少し前かがみになってめいっぱい吐き切る。この時、お腹がペチャンコになるまで、吐いて吐いて吐くこと。立っていても、座っていても、寝ながらでもできる

京都最古の禅寺、建仁寺の法堂に描かれている龍

龍の握っている水晶玉のもとで、ひたすら手を合わせる

釣り鐘が迎える、京都東山高台寺の正面玄関

創香師の娘、和佳奈と

豊臣秀吉公の正室ねね様のお寺
高台寺 利生堂のお釈迦様の涅槃図

塗るお香　ボディパウダー

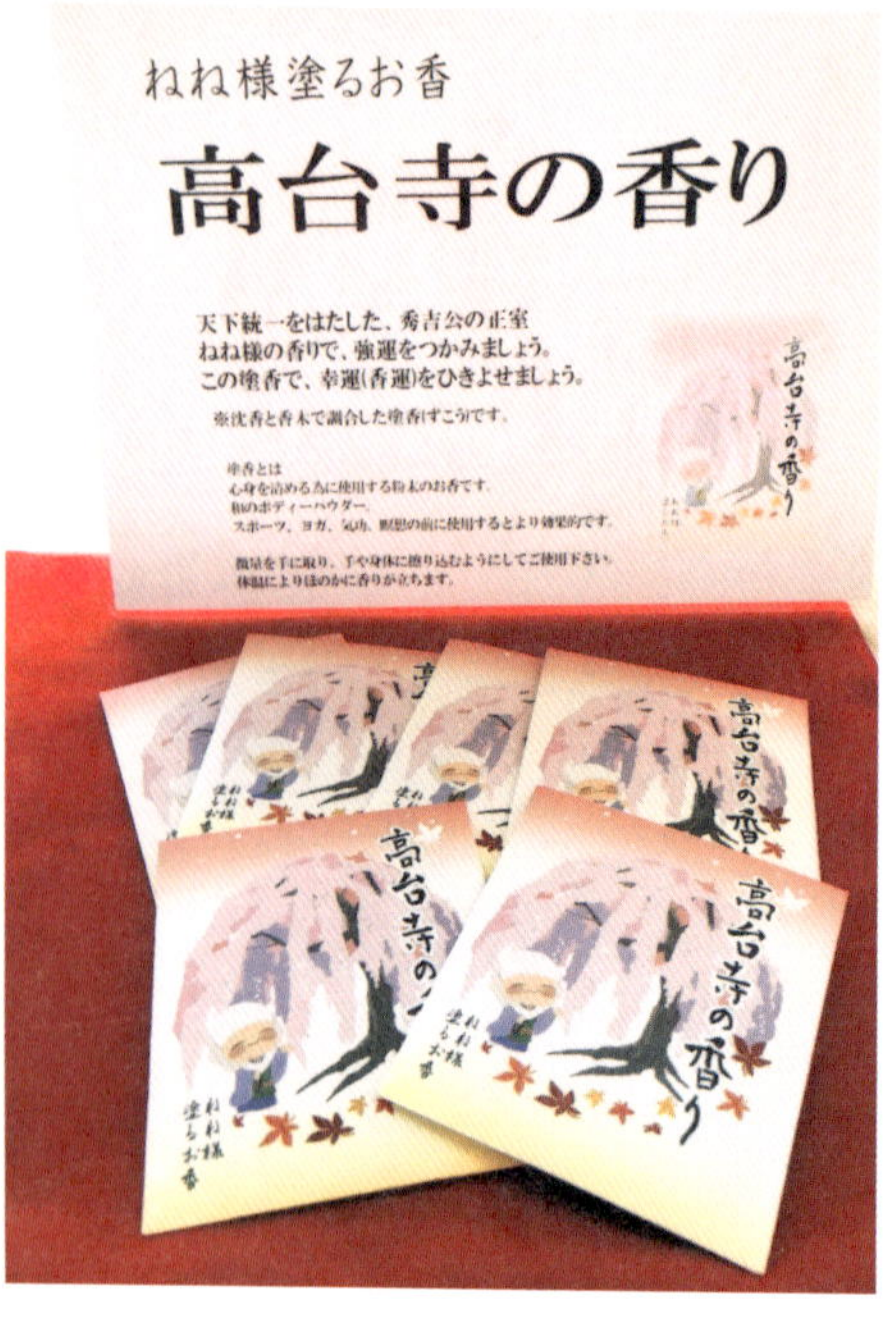

祇園辻利ほうじ茶入りの塗香

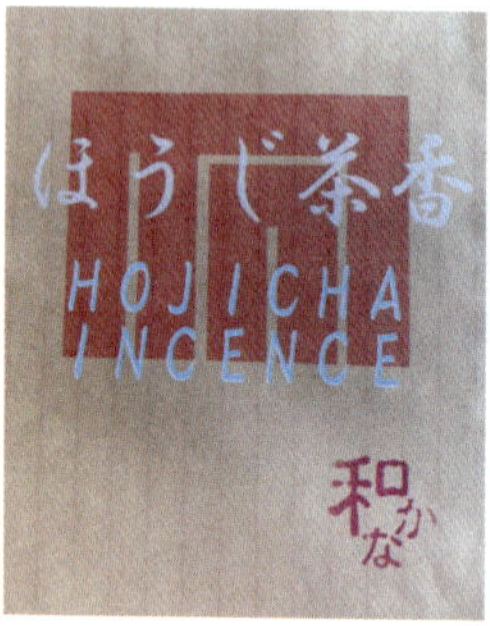

オリジナル　自分で作る匂い袋

豊臣秀吉と北政所ねねの寺、京都東山高台寺

建仁寺の塔頭、両足院の庭
半夏生（はんげしょう）の美しいとき

祇園辻利

京都南座の北側にある井筒八ッ橋本舗2階、井筒茶店では、生八ッ橋を炭火であぶって出来立てのようにほんのり甘い、シナモンの香りを味わえる！

足を組んでも、イスに座っても、寝ながらでもできる「叶う禅」を指導中

桂皮、白檀等を混ぜあわせ、オリジナル塗香づくり

法話中の筆者　嫌なことも良いこともすべて移り変わる
これを無常と呼び、仏教の根本思想を成す

平成28年、3月10日、75歳で病に倒れ、あの世に旅立った夫、小泉隆司（オリックス・バファローズ・平野佳寿投手の後援会長を務め、メジャー移籍を心配しながらも大変喜んでいた）に、アリゾナ・ダイヤモンドバックスでの平野投手の**大活躍**（日本投手の最多記録の1シーズン75試合のメジャー登板、4勝3敗3セーブ、防御率2・44、26試合連続無失点も記録した）の姿を伝えたく、本書をひとり静かに墓前にささげます。

合掌

小泉倖祥（こいずみ・こうしょう）プロフィール

昭和18年8月28日、埼玉県浦和市（現さいたま市）に生まれる。埼玉大附属幼稚園～大妻女子大学短期学部卒業。第一勧業銀行日本橋支店・外国為替課入行（現みずほ銀行）。結婚後、子育てと公文式算数・数学教室開設、指導員。45歳、市議会議員立候補（現さいたま市）3期連続当選。母の自宅看病のため議員退任。看病、看取りの後、埼玉より出家し京都に。花園大学仏教学科社会人クラスに入学。学びながら臨済宗建仁寺派高台寺勤務。岐阜の祥雲山天衣寺・尼僧堂にて修行。現在…高台寺にて「五日座禅会」「和の香り・創香師」として活動中。

はじめに

思い立ったら即行動！
私の新たな旅路が始まる！

さあ、出発！

はやる気持ちを抑えきれないまま、私は東名高速をひたすら西へ車を走らせていました。目指すのは京都。55歳の春、出家を決意した私の新たな旅路でした。

トランクにあるのは、ボストンバッグがひとつだけ。

埼玉県与野市のバラ祭りのバザーで、議員時代に着ていたスーツをはじめ、身の回りのもの、靴からハンドバッグすべてを思い切ってバザーに出してしまったのです。今でいう断捨離ですね。娘が「もったいない！」と悲鳴をあげるなか、私は荷物がすっかりなくなり広くなった部屋を見わたし「なんて気持ちがいいのだろう」とひとり感動し、身も心も軽くなり、とてもさわやかな気分にひたりワクワクしていました。

55歳での出家に、「無謀だ」「やめておいたら」「何考えているの！」と私の行動を止めようとする人もいました。でも私は、新たに始まる生活が楽しみで楽しみで仕方なかったのです。

当時、花園大学の学長になられた西村恵信先生を頼り、仏教学科社会人クラスに入学し、仏門について一から学びました。深く考えずに何もかも捨てて京都に来てしまい、アパートに住み、授業料を払い、学校へ通いだして、若い学生に混じって嬉しくて舞い上がっていました。

何ヶ月かすると、手持ちのお金は底をつき、年金はまだ先の事、西村恵信先生に相談しました。先生は目を丸くして驚き、「困ったなあ。その頭（丸坊主の頭）では、普通の職場は無理だろうしなあ」と仰り、臨済宗建仁寺派の高台寺にご縁を結んでくださったのです。

私は高台寺で、一生懸命働き、週2日の休みは学校で朝から夜まで授業を受け、充実した日々を過ごしていました。その後何年かして、建仁寺の管長、小堀泰厳老師のお弟子にさせていただき、本格的に学ぶため、岐阜の祥雲山天衣寺・尼僧堂にて修行させていただくことになったのです。

そこでは驚くほど厳しい修行が待っていました。僧堂にて修行中の尼僧は皆若く、キビキビと日常生活をこなし、生温い人生を歩んできた老体（？）の私にとっては、とても辛いものでした。根性なしの私、いつ逃げ出そうかとそんな事ばかり考えながら坐禅をしていました（笑）。

今のこの時代に冷房、暖房はなく、足袋が履けるのは、お正月の3日間のみ。あとは素足の為、かかとはヒビ、あかぎれ、夜も坐禅をする（夜坐と呼んでいる）ため、耳はしもやけができ、年寄りには本当に辛かった～。

しかし何も持たない私に身支度を整え、僧堂に入門させてくださった建仁寺の管長様の顔、そして3月とは言え、みぞれまじりの寒い朝に、温かいコーヒーとトーストの朝食を用意して、尼僧堂まで車で送ってくださった春光院の和尚様の顔が浮かび、夜逃げなどとてもできなかったのです。

無事、1年半の修行が終わって京都に戻りました。その後、隣好院というお寺で住職を務めましたが、縁あって滋賀県大津市に引っ越し、閑栖（かんせい）住職（隠居した禅僧のことをこう呼びます）となりました。今は高台寺洗心寮にて「五日坐禅会」「叶う禅」を行ったり、「和の香り・創香師」として、仏教とともに日本に伝わったお香を用いて、世界にひとつだけのお香づくり会を開催しています。

第一章

お釈迦様が弟子に伝えたかったこと

お釈迦様がたどりついたのは「慈悲の心」

55歳で初めて仏門の勉強を始めた私ですが、とくに私の心に残ったのは、お釈迦様の数々の教えです。まず、お釈迦様の人生はどんなものだったか、簡単に振り返りたいと思います。

お釈迦様は今から約2500年前、インド北部の釈迦族の王子として生を受け、何不自由なく暮らしていたそうです。しかしあるときから、ひとつの想いが胸をしめるようになったといいます。

それは「生老病死は、避けては通れない運命である」ということです。生老病死とは、仏教の根本的な苦、(仏教では「四苦」と言われています) とされるもので、生まれた者は誰しも年老いて、病気になり、いずれは死んでいく、ということを表しています。

お釈迦様は、お金持ちでも貧しい人でも関係なく、誰もがこのことについて悩み、不安を抱えていると気づき、このことを解決できないかと考えたのだそうです。

お釈迦様のすごいところはここから。なんと王子という身分も妻子も捨て、突然出家してしまったのです。今で言う蒸発亭主です（笑）。そして長い長い修行の末に悟ったのは、生きとし生けるものが幸せでありますように、という「慈悲の心」だったといいます。

この慈悲の心がよくわかる壁画が私の身近にもありました。坐禅会を行っている高台寺の洗心寮の隣にある利生堂には、2500年前のお釈迦様の涅槃図が拡大して一面に描かれています。

北枕にて横たわったお釈迦様、その周りには弟子たち、そして多くの動物たちまでもが涙を流し、一番のイケメン弟子アーナンダは泣きくずれています。反対側に描かれているチュンダもこの世の終わりの如く嘆き悲しんでいます。チュンダはお釈迦様が亡くなる前に、昼食に腐った肉を提供してしまった、あるいは知らずに毒キノコを美味しいからと差し出した、という2つの説があるのです。

そして天井にはマーヤ婦人（お釈迦様のお母様）が西の空から、涙を流してお迎えにいらした様子が描写され、菩提樹が美しい緑から黄色に枯れていき、無常のさまが克明に記されているのです。

私は利生堂に時間があると、すぐ足が向き、しばらく眺めれば不思議と心が落ち着くのです。

お釈迦様は死の直前、周りの人々に「昼食を提供したチュンダを決して責めてはいけない」と言われました。また「弟子たちよ。自らを灯明として、自身をよりどころにしなさい。そして他の者をよりどころとせず、法をよりどころにしなさい」と「自灯明・法灯明」の教えの言葉を残して静かに横たわられたと聞いて、胸を打たれるのです。

誰もが慈悲の心を持てたら…そう感じる事件が少し前にあり

ました。青森市議の若い方が、「年金ジジイ」とTwitterでつぶやいたあの事件です。辞職勧告まで受けているのをテレビで知った私は複雑な思いでした。確かに私たちは傷つきましたよ。だって、年金は私たちが今まで積み立ててきたお金から出ているものですからね。

でも、彼が議員辞職までの責任を取る程のことだったでしょうか。公費をだまし取って、視察に行ってもいないのに計上したり、印刷もしないで印刷会社の領収書をもらったり、我々市民を欺くことをすれば、確かに辞職するべきでしょう。でもたったひとつの発言で、そこまで追い詰めるのはかわいそうだと私は思うのです。

きっと彼はまだ若いから、年寄りの気持ちはわからないはず。ただそれだけのことなのです。私だって自分が年をとってみて、初めてわかったことがたくさんたくさんあり、若い時は考えもしなかったいろいろなことがあるのです。その立場にならないとわからないのは仕方がないでしょう。

間違いを犯した人のことを、叩くのは簡単です。でも今回のことを周りが許せば、彼はきっと思いやりを持った人間に成長するはずです。なので私は辞めないでがんばってほしいと、心からエールを送りたいと思います。

お釈迦様の教えが少しでも広がり、許すという慈悲の心を皆が持てば、思いやりと温かさのある社会がきっと生まれるのではないでしょうか。

ありのままに生き、今に感謝する大切さ

私が辛い修行に打ち込んだのは、先に書いた通りです。しかしお釈迦様がしていた修行は、この何倍も辛いものだったそうです。いわゆる「苦行」というものです。

食べるものは樹木や果実だけ。断食も行ったそうです。他にも直射日光に当たり続けたり、言葉を発しないなど、徹底的な

苦行を続けます。

お釈迦様はなんと6年間もこの苦行を行い続けたといいますから、想像を絶する世界です。お釈迦様の体は皮と骨だけになってしまったそう。しかしそんなある日突然、「苦行には意味がない」と修行を中断してしまいます。そしてスジャータという村娘が与えた乳粥を食べ、菩提樹の下にいき、そこでお悟りを開いたのです。

修行を中断してから、悟りを開くまでのお釈迦様の心情がどのようなものだったのか、記録には残されていないため、想像をするより他ありません。私が思うに、苦行より、ありのままに生きることが大切だということに気づいたのではないでしょうか。

「ありのままに生きる」というのは、今の自分、環境を受け入れ、感謝することです。

自分を成長させるために、苦しい思いをすることももちろん重要です。私は尼僧堂での辛い修行を乗り越えたことで、人の痛みを知ることができましたし、またそれまでの生活がいかにさまざまな人に支えられていたものだったかを知りました。

でもこれを読んでいる皆さんは、辛い修行にはげみ自分を成長させることより、自分のありのままに生き、今に感謝することを大切にしてほしいと、切に思うのです。そうすれば人生はより豊かで幸せなものになると提案したいのです。

第二章

四苦八苦の辛い世の中も、思いひとつで抜け出せます

建仁寺の龍が教えてくれた、「思いひとつ」の強さ

　先の章にも書いた通り、お釈迦様は四苦にあたる生老病死を根本的な苦としてとらえていました。そこにさらに4つの苦を加えたものを四苦八苦と言い、仏教ではこれを人間の苦悩の原因としています。

〈四苦八苦〉
生…生まれること
老…老いていくこと
病…病気をすること
死…死ぬこと

愛別離苦（あいべつりく）…愛する人と別離すること
怨憎会苦（おんぞうえく）…怨み憎んでいる人に会うこと
求不得苦（ぐふとっく）……求める物が得られないこと
五蘊盛苦（ごうんじょうく）人間の肉体と精神（五蘊）が思うままにならないこと

この四苦八苦は、人間が誰しも必ず経験することで、避けては通れないものです。この四苦八苦とどう向き合っていくか、そしてどう受け入れていくか。とても難しい問題のように思えるかもしれません。でも私は仏門に入り、この四苦八苦を抜け出せる方法を見出しました。それは「思いひとつ」を心に強く持つことです。

その「思いひとつ」を詳しく述べさせていただきますと、建仁寺の法堂（はっとう）には、「双龍図」という108畳にもおよぶ天井画が描かれています。これは平成14年に建仁寺創建800年を記念して、小泉淳作画伯の手によって描かれた水墨画です。力強く空を舞う龍の手には水晶が握られ、見る者を魅了する迫力があります。お寺には龍の天井画が数多くありますが、建仁寺の双龍図は、龍が水晶を手にしている、非常に珍しい天井画です。

悲しいときや、どうしても思い通りにことが運ばず、悩んでいるとき、私はこの双龍図を見に行きます。そして龍が手に握っている水晶の真下に行き、まず決まって「感謝しています、感謝しています、ありがとう」と心の中で伝えるのです。

下からこの天井画を見上げると不思議と心が落ち着きます。すると心の中に答えが出たり、思いもよらない強運がめぐってくるのです。

たとえば私は、子どもの頃から海が大好きでした。でも私が生まれ育った埼玉も、出家のために移り住んだ京都にも、海は近くにありませんでした。普通なら、「ああ、海の近くに住めない私はなんと不幸なんだろう」と思うかもしれませんね。でも私は、水晶の下でリラックスしたり、楽しい気持ちを思い描くとき、海をイメージするようにしていました。

するとある日、夢が叶ったのです。京都から引っ越した私は、ご縁があり琵琶湖の側にたつマンションに暮らすことになりました。海ではありませんでしたが、とても美しい琵琶湖が見渡せる部屋に引っ越すことができたのは、自分がこの景色をしっかりとイメージし、パワースポットの下で感謝の気持ちを持ったからではないかと気づいたのです。

このように願いが叶ったのは1度や2度ではありません。そうです、この双龍図の水晶の下はとんでもないパワースポットなのです。

四苦八苦は人間が生きている以上、近くにあります。でも「思いひとつ」の強さで、人生はいくらでも明るくなりますし、苦難は乗り越えられることができると、私は信じています。

お願いするのではなく、〝感謝〟して人生を切り開く

建仁寺の龍がパワースポットなのは有名で、全国各地から大勢の人が集まります。あなたを悩ませること、不安に思っていることがあったら、ぜひ建仁寺の双龍図の水晶の下に行ってみてほしいと思います。

そしてここからがひとつのポイントですが、このとき念じる言葉は、願をかける言葉とは少し違うということです。

たとえば、ご主人と不仲でなかなかうまくいかないというときでも、「夫とうまくいきますように」とか「夫がこういうふう

に変わりますように」というように願うのではなくて、ご主人に対して「いつもありがとう」と声をかけるのです。

最初はなかなかそうは思えないという人もいるでしょう。でもあえて強く感謝してみる。相手のいいところを思い出してみる。そうすると、だんだんと本当に感謝ができるようになり、驚くほど夫婦の関係が変わると思います。そしてそれは夫婦以外の部分でも運のめぐりを良くしていき、強運を引き寄せていくはずです。

身体の不調も同様です。痛い部分、治したいところがあったら、「治りますように」とお願いするのではなく、まずは今への感謝から。

何も感謝することが思い浮かばないという人は、今生きていることを感謝してみてはどうでしょうか。「いつもありがとうございます」と龍に告げてみてください。

そしてそれから治った状態を思い浮かべるのです。たとえば膝が痛くて思うように歩けない人は、その痛みから解放されて、スタスタ歩き、自分が行ってみたかった場所、会いたかった人に会う姿を想像してみてください。自然と笑みがこぼれ、心が落ち着くはずです。

悩みがあるときは、まず感謝から。それこそが、人生を切り開く秘訣なのです。

第三章
私が会得した「叶う禅呼吸法」と魔法の粉「塗香」（ずこう）の効能

強い思いと塗香を組み合わせた「叶う禅呼吸法」

この章ではいよいよ、私が会得した塗香を用いて行う「叶う禅呼吸法」についてお話ししたいと思います。

まず「叶う禅呼吸法」についてですが、建仁寺の龍との対話のなかで、「思いひとつ」の力を知った私は、悩んでいるとき、心に決めたことはあるけれど実現できるかどうか不安なときには、解決した状態を強く思い浮かべるようになりました。それによって、心が安心し、深くリラックスした状態になれるということを発見したのです。これを坐禅に活かせないかと考えついたのが、「叶う禅呼吸法」です。

一般的な坐禅というものは、心を無にすること、空っぽにすることを求められます。でも、これはなかなか難しいもの。「心を空っぽにしなくてはいけないのに、それができない！」と考え始めると、ますます心が不安定になるという悪循環に陥りかねません。しかし、ひとつの強い思いを持ち、叶った状態を思い浮かべる方法を使えば、心が安定し、リラックスできますし、良い状態を思い浮かべることで坐禅の時間も楽しく過ごせるのではないかと考えたのです。

「叶う禅呼吸法」を取り入れた坐禅体験を行うようになってから、いつもより坐禅に集中できた、願い事が叶ったなど、喜びの声をいくつも聞きました。身体の不調が改善した、心が軽くなった、なかには馬券が当たったなんて人もいます（笑）。

とっても簡単ですし、どこでもできますので、みなさんの生活にぜひ取り入れていただき、人生を思い通りに生きてみてください！

「叶う禅呼吸法」の行い方

ここから「叶う禅呼吸法」の行い方を説明していきます。基本的に、「叶う禅呼吸法」はいつでもどこでもできますが、最初はやはり集中しやすい環境がいいと思います。

おすすめは朝起きたとき。トイレだけをすませ、顔も洗わずに行うことです。なぜかというと寝起きの状態では意識が完全に覚醒していないため、潜在意識とつながりやすく、願いごとを叶えるのに適していると言われているからです。

最初は自分の部屋など、落ち着く場所で座って行いましょう。

禅寺で行う坐禅は結跏趺坐（けっかふざ）といい、胡坐（ふざ）の状態から右足を左のももの上に、左足を右のももの上におきますが、これはなかなか難しいと思いますので、こだわらなくて構いません（私も修行を始めたばかりのときは、今より太っていてこれができなくて…大変苦労しました）。膝が痛くて座れない人は椅子に座っても大丈夫ですし、寝た状態がリラックスできるという人はそうしてください。

まずはじめに普段の呼吸とは異なる、**深い呼吸を意識**します。そしてひとつのことに集中して、雑念を寄せ付けないことを習慣化することが大切です。そして始めるまえに禅の三調を意識します。

禅の三調とは、調身（ちょうしん）・調息（ちょうそく）・調心（ちょうしん）、つまり身体、呼吸、心の3つを整えるという意味です。この3つを整えるために、坐禅を始める前に鐘を3回鳴らすのです。

次に深い呼吸の方法ですが、ゆっくり時間をかけて息を吐くということがポイントです。お腹をへこませて、息を十分吐いていきます。このとき、できるだけ時間をかけて吐ききることが大切です。

吐ききったら、今度はお腹を元の状態に戻しながら、息を吸います。吐くときはお腹がへこむ、吸うときはへこんだお腹が元に戻るのが基本となります。この長い息が、長生きの秘訣でもあるのです。

禅の修行では、丹田というおへその奥のほうの場所を意識して呼吸するよう教えられました。しかしこの丹田を意識するというのがなかなか難しいのです。そんなときは、上体を少し前かがみにすれば、自然とお腹がへこむようになるので、わかっていただけると思います。

そして、ここからがステップアップ。呼吸に集中するだけではなく、ひとつ強い強い望みを思い浮かべます。病気がある人であれば、それが完全に治り元気になった状態、悩みを抱えている人なら自分が抱えている辛いことが、すっかり解決している状態をイメージするのです。こうすると意識を集中できますし、潜在意識ともつながり非常に願いが叶いやすくなります。

どれくらいの時間を行えばいいかということについては、通常の坐禅では、「一炷（いっしゅ）」といって、お線香が1本燃え尽きるまでの時間、40分ほど行うのが一般的ですが、私が坐禅体験を行うときは、前半は通常の坐禅を20分、そのあと休憩を入れて、後半は「叶う禅呼吸法」で30分を行っています。最初は時間が長すぎると集中力が切れてしまいますので、ご自分がリラックスできたなと思うタイミングで終わりにしていいと思います。

予定があって忙しいときは、本当にちょっとの時間でもいいのです。時間や形を決めてしっかり守るより、ご自分が心地よく感じることを優先してください。

慣れてくれば、いつでもどこでも行うことができるのが、「叶う禅呼吸法」のいいところ。歩きながらでもできますし、私はよく電車のなかでも、軽く目を閉じて行っています。電車に乗っているとみなさんスマホを見ていますが、たまにはスマホをおいて5分でも「叶う禅呼吸法」を取り入れてみてください。心がリラックスし、自分と向き合う貴重な時間になるはずです。

生涯現役のおふたりが教えてくれた、塗香の可能性

建仁寺の龍との対話を終えたあとに、私がよく向かう場所があります。両足院で葉の緑の半分が白く美しい、半夏生の庭を眺め、花見小路を抜け、四条通りに出てから「祇園辻利」でお茶を飲みます（この「祇園辻利」の会長が85歳にも関わらず元気いっぱい！）。そして信号を渡って、北座の井筒八ッ橋本舗本店の2階のティールームで生八ッ橋をいただくのが、私の大好きな時間なのです。

「井筒八ッ橋本舗」のオーナーは現在95歳。頭はさえて、かく

しゃくとしています。以前、なぜそんなに元気でいらっしゃるのか、その秘訣をお聞きしたことがあります。するとその時に返ってきた言葉は「生涯現役」でした。命ある限り働き続けることが、人間としての生きる道だというのです。本当に素晴らしいことだと思います。

井筒八ッ橋本舗では生八ッ橋のほんのりした甘さ、そのニッキの香りでホッコリして、元気を取り戻していました。

この方々のお元気な姿を見て、お茶のビタミンCとカテキン、八ッ橋のシナモンが身体の免疫力を高め、まさに長寿の秘訣ではないかと気づいたのです（私も大いに見習おうっと！）。

まずシナモンは桂皮とも呼ばれ、漢方薬の原料となっているものです。そして、カテキンは強い抗酸化作用があることで知られています。創香師である娘、和佳奈と、この2つを組み合わせて誕生したのが、魔法の塗香「ほうじ茶香 HOJICHA INCENCE」です。

原料は「祇園辻利」のほうじ茶に、桂皮と老山白檀を贅沢に調合しています。ほうじ茶にはピラジンという香り成分が含まれているため、血流を良くしてリラックス効果を高めてくれます。また、精神を安定させる効果も得られるため、心身ともにパワーを与えてくれる魔法の塗香、ボディパウダーなのです。

塗香は天台宗では必ず使われているものです。お経の前に「身・口・意」と呼ばれる作法を行います。お香を手のひらにのせ、額、口、体を清めます。写経の際にも必ず使われているものです。神社にいくと手水舎などがあり、手を洗って清めることができますが、お寺の場合はそういった場所がないことも多いので、塗香で清めるようになったわけです。

塗香は心身を清めるお香

先ほど述べた塗香は心と体を清めることができる粉末のお香

です。塗香にはリラックス効果、ストレス緩和や集中力アップなど、さまざまな効果があり、いつでもどこでも気軽に使うことができます。この塗香を「叶う禅呼吸法」に用いることが大事なのです。

仏教の経典の「華厳経」には、塗香の10の効能が記載されています。

1　精気を増益する。
2　身体を芳潔にする。
3　身体の温涼を調節する。

4　寿命を延ばす。
5　顔色をひきたてる。
6　精神を爽快にする。
7　耳目を鋭くする。
8　健康にする。
9　媚態と愛嬌を増す。
10　品位を高める。

塗香は心にも体にもとても良いものです。また近年では、岩佐佛喜堂の喜雲さんと香川大学との共同開発で、その科学的根拠を証明した塗香もあり、とても話題になっています。

塗香は粉末状のお香ですから、私はどこにいくときも塗香入れを持ち歩くようにしています。満員電車や病院など、悪い気がたまっているような場所で使うと、気持ちがすっきりし、邪気をはらうことができるからです。

使い方は簡単。たなごころに少量をつまみ、耳のうしろ、手首などリンパの流れる場所にすりこみ、香りで脳を刺激して行うのがポイントです。最初はスパイシーな香りですが、塗ってしばらくすると体温により、ほのかに甘い香りに変わってきます。人それぞれに体温が異なるので、微妙に違う香りに変化するのです。

近年、香木（こうぼく）は大変高価なものになりましたが、私が使用している塗香は、匂いをつけただけの簡易的な塗香と違い、上質な天然原料なので香りが良い上に、身体にやさしく安心して使うことができます。

また娘の創香師、和佳奈が作った「ねね様 塗るお香　高台寺の香り」は、ねね様の強運にあやかった幸運（香運）を引き寄せる塗香として、人気を集めています。

和佳奈のブログ　https://ameblo.jp/waka0401na
和佳奈 ＨＰ　https://www.wakana-okou.com
（お問い合わせは、wakana.wa.haha.2525@gmail.com まで）

香木の種類と効能

　塗香は香木から作られています。香木というとあまりなじみがないかもしれませんが、みなさんの近くにあるお線香も香木から作られていますし、「お香典」の習慣も実は香木から発祥していることをご存知でしたか？　そしてそれは、さきほど書いたお釈迦様が亡くなったときと、深いかかわりがあります。

　インドではガンジス川にご遺体を流すのが通例でしたが、お釈迦様が亡くなったとき、弟子たちはお釈迦様の骨を持ち帰りたいと言い出しました。そこでインド中の白檀とともに、火葬されたと言われています。

弟子たちに分けられた骨からは白檀の香りが漂い、弟子たちはその白檀の香りからお釈迦様の存在を感じ、守られていると思ったそうです。白檀と仏教に深いかかわりがあるのはそのためです。

そしてそのうち、自分もお釈迦様のように白檀で火葬されたいと考えるような者が出てきましたが、白檀というのはとても高価なものですから、なかなか集めることができません。そこでその香木を買うお金にと、お金を持ち寄る習慣ができ、それが今の香典になったといわれています。

一方、その香木が日本に渡ったきっかけは、その昔、今の淡路島に香木が打ち上げられて、村人が知らずに焚火にしたら、すごくいい香りがしたので、聖徳太子に献上されたのだそうです。

ここから日本中に香木が広まっていきます。ちなみに今でも淡路島には枯木神社があり、御神体としてその香木がまつられています。私も行ったことがあり、長い年月を越えてまつられている姿に、やはり感動しました。

香木にはさまざまな種類がありますが、ここでは代表的なものとその香りの特徴、効能をお伝えします。

〈3大香木〉

・白檀（びゃくだん）

白檀科の半寄生の常緑高木。別名「サンダルウッド」。爽やかさと甘さを兼ね備えており、お香に欠かせない原料のひとつです。インドでは宗教儀式に使われるほど、神聖なものとされています。沈香と違い、白檀という名の木があり、その木そのものが香ります。芳香が生まれるまでには50年以上の歳月がかかり、非常に貴重な香木です。

心を癒してくれる効果があり、ストレスの緩和や不眠にも効力があります。生薬としては止血、胃腸を温める、肌あれを整える効果もあるといわれており、万病の妙薬として珍重されています。また、仏像やお扇子などの工芸品に加工されることが多い香木です。

・**沈香（じんこう）**

沈丁花科の樹木が傷ついたとき、傷を治すために出てくる樹液の油が凝縮し、長い年月（50年〜100年かかる場合も！）をかけて変化したもの。同じ香りはなく、個体によって違う香りを放ちます。その深く甘い香りには鎮静効果があると言われており、心が落ち着きリラックスできます。

・伽羅（きゃら）

沈香の一種。沈香は産地などにより、いくつかの種類に分けられており、その中でも最も高品質なものを「伽羅」と言います。鎮静効果があるため、冷静な判断が必要だった、織田信長など戦国武将たちが愛用していた記録も残っているほど。希少価値が非常に高く、高額なものです。

他にもさまざまな原料を使って、塗香を作っていますが、ここでは代表的なものをいくつかご紹介しましょう。

・桂皮（けいひ）

香辛料としては「シナモン」、「カシア」などと呼ばれ、広く使用されているもの。シナモンの香りはみなさんご存知だと思いますが、辛味と甘味を含んでいるのが特徴です。塗香を作るときには、辛味系の香りとして使用することが多く、甘い香りのアクセントにもなります。

生薬としての効果も高く、身体を温めることで不調を改善してくれるものとして愛用されてきました。

・丁子（ちょうじ）

別名「クローブ」。フトモモ科である丁子の木のつぼみを、乾燥させたものです。常温ではツンとした少し酸味のある香りですが、熱を加えることによって、成分の一部であるバニリン（バニラの香りの主要成分）の甘い香りが出てきます。

精神と身体の両面を強壮する効能があり、やる気を起こしてくれます。

・龍脳（りゅうのう）

二羽柿科に属する龍脳樹から染み出した樹脂が、結晶化したもの。香りとしては、クスノキの木片を水蒸気化して作る樟脳（しょうのう）とも似た香りですが、もっとふくよかな清々しい香りを放ち、墨汁の匂い付けにも使われています。

また、中国では「龍の脳」と言われるほど、希少価値の高いものであり、かの楊貴妃は最上級の龍脳を使用していたと言われています。

・甘松（かんしょう）

ヒマラヤ山系から中国の山岳地帯が原産のオミナエシ科の多年生草本で、その根や茎から香料を採ります。甘松は単体で嗅ぐとウッディーな香りなのですが、白檀や沈香とあわせると、その名の通り深く甘い香りに変化します。

・霍香（かっこう）

シソ科のカワミドリの地上部を乾燥させたもの。英名では「パチョリ」とよばれ、アロマテラピーや香水のベースにも使われます。ほんのりとした甘さを感じさせる、爽やかな香りです。防虫効果もあると言われています。

自分の不調などにあわせて選ぶのも良いのですが、私たちが匂い袋づくり体験でおすすめしている方法は、ひとつひとつの匂いを試しながら、自分にあう匂いを選んでいくことです。そうすると不思議と自分の不調にあったものを選んでいることもありますし、同じ人が作っても、その日の体調によって選ぶ匂いが変わってくるのがおもしろいところ。何度も匂い袋づくり体験をされている方は、いつも驚いています。

認知症も嗅覚を鍛えることで予防できる！

香りにはさまざまな効果があり、昔から親しまれてきたものでした。その様子がわかるのが「香十徳」という漢詩です。中国王朝「北宋」の詩人、黄庭堅（こうていけん）によって記されたもので、後に一休さんによって日本に紹介されています。

一　感格鬼神………感覚が研ぎ澄まされる
二　清淨心身………心身を清らかにする
三　能除汚穢………よくけがれを取り除く
四　能覺睡眠………よく眠ることができる

五　静中成友………孤独を癒し、安らぐことができる
六　塵裏偸閒………忙しいときに心を和ます
七　多而不厭………たくさんあっても邪魔にならない
八　寡而為足………少なくても十分香る
九　久蔵不朽………年月が経っても長く保存できる
十　常用無障………常用しても害がない

この「香十徳」を読むと、香りがいかに人々の生活を彩ってきたのかがわかると思います。身体だけでなく、心の安定にもつながり、薬のように扱いに気をつける必要もありません。

そして今、嗅覚の重要性が、医学的にも実証されてきていま
す。高齢になると、目が悪くなる、耳が遠くなるという症状を
誰もが経験すると思いますが、実は一番、年齢による衰えが出
やすいのが嗅覚なのです。

あまり話題にのぼることがないため気づかないかもしれませ
んが、昔に比べて匂いを嗅ぐ力が落ちていると感じる方、いらっ
しゃいませんか？　そういう方はぜひ、塗香を使って嗅覚を鍛
える習慣をつけてみてください。そうすることで認知症予防に
つながることがわかってきているのです。それは脳のなかで記
憶をつかさどっている海馬が、鼻の近くにあるためです。

匂いを嗅ぐだけなら、身体に負担もかけませんし、寝たきりのお年寄りでもできる気軽な認知症予防のトレーニングになります。匂い袋をかたわらにおき、嗅覚を鍛えて、心と身体のアンチエイジングを続けていきましょう！

なぜ「叶う禅呼吸法」で健康や願い事、そして人生に、思い通りに運を引き寄せられるのか？

「叶う禅呼吸法」を行うことで、思い通りに運を引き寄せることができるのには、ふたつのポイントがあります。

ひとつめは深い呼吸が持つ力です。深い呼吸は自律神経と深い関係があると言われており、自律神経を整えることにとても高い効果があることが実証されてきているのです。

自律神経というのは、交感神経と副交感神経で構成されています。ストレスがたまったり、緊張状態に陥ると交感神経が働き、リラックスすると副交感神経が働く仕組みになっているのですが、現代人はストレスの多い社会に生きている人が多いでしょう？　交感神経が過敏になり、自律神経が乱れる人が多いのです。

そこで深い呼吸が重要になってきます。深い呼吸によって副交感神経が働き、自律神経が整えられ、心身の不調が減っていきます。また深い呼吸によってリラックスしている状態で、**ひとつの強い思いに集中すると、願いが叶うのです。そこで私はこの呼吸を、「叶う禅」と名付け**ました。

禅僧にはとても長生きな人が多いのもこのためだと私は思っています。坐禅でする深い呼吸が、身体を整えているのでしょう。そう、**長息は長生きなのです**。

もうひとつはこの「叶う禅呼吸法」を通して、マインドフルネスの状態になることです。マインドフルネスとは今に集中し、現実をあるがままに受け入れることを言います。こうすることによって、大きなストレスや否定的な感情に飲み込まれることがなくなり、幸福な気持ちになれます。そうすると、不思議と運が良くなったり、願いごとが叶いやすくなるのです。

また「病は気から」と言いますが、マインドフルネスの状態が続くと、体調不良が改善されたという声も聞かれるくらいです。このマインドフルネスは今世界から注目されており、外国からも禅を求め、多くの人々が集まってくるのです。

叶う禅は、いつでもどこでも簡単に始めることができます。さあ、みなさんも塗香を用いた「叶う禅呼吸法」を使って、イキイキ毎日を楽しみましょう！

第四章
私が心から伝えたいこと

お年寄りの現状を変えたいと決意をさせた、ある手紙

私も年をとるにつれて、お年寄りの現状を知るようになりました。そして、イギリスのある老人ホームで亡くなったご婦人の手紙というものを読んだとき、私は立ち上がらなくてはいけないと決意したのです。その手紙を、ここに紹介したいと思います。

＊

看護婦さん、あなたはいったい、何を見ているの？　あなたが私を見るとき、あなたは頭を働かせているかしら？　気難しい年老いたおばあさん、それほど賢くなく、とりえがあるわけでもない。

老眼で食べるものをぽたぽた落とし、あなたが大声で、『もっと、きれいに食べなさい』と言ってもできないし、あなたのすることにも気づかずに、靴や靴下を失くしてしまうのはいつものこと。食事も入浴も、私が好きか嫌いかは関係なく、あなたの意のままに長い１日を過ごしている。

あなたはそんなふうに、私のことを考えているのではないですか？　私を、そんなふうに見ているのではないですか？

そうだとしたら、あなたは私を見ていません。もっとよく目を開いて、看護婦さん。ここに黙って座り、あなたの言いつけどおりに、あなたの意のままに食べている私が誰か、教えてあげましょう。

10歳のとき、両親や兄弟姉妹に、愛情をいっぱいに注がれながら暮らしている少女です。16歳、愛する人とめぐりあえることを夢みています。20歳になって、花嫁となり、私の心は踊っています。25歳、安らぎと楽しい家庭を必要とする赤ちゃんが生まれました。30歳、子どもたちは日々成長していきますが、しっかりとした絆で結ばれています。40歳、子どもたちは大きくなり、巣立っていきます。しかし、夫が傍らにいるので悲しくはありません。50歳、小さな赤ん坊が私の膝の上で遊んでいます。

夫と私は、子どもたちと過ごした日々を味わっています。そして、夫の死。希望のない日々が続きます。将来のことを考えると、恐ろしさで震えおののきます。私の子どもたちは、自分のことで忙しく、私はたったひとりで、過ぎ去った日々や愛に包まれていたときのことを思い起こしています。

今はもう年をとりました。自然は過酷です。老いたものは役たたずと嘲笑い、からかっているようです。身体はぼろぼろになり、栄光も気力もなく、以前の温かい心は、まるで石のようになってしまいました。

でもね、看護婦さん。

この老いた屍の奥にも、まだ小さな少女がすんでいるのです。この打ちひしがれる私の心も、ときめくことがあるのです。楽しかったこと、悲しかったことを思い起こし…愛することのできる人生を、生きているのです。

人生は、ほんとうに短い。ほんとうに、早く過ぎ去ります。そして今、私は永遠に続くものはないという、ありのままの真実を受け入れています。

ですから、看護婦さん。もっとよく目を開いて、私のことをよく見てください。気難しい年老いたおばあさんではなく、もっとよく心を寄せて…この私を、見てください。

＊

なんと胸が痛くなる手紙でしょう。この手紙を読んだとき、私は衝撃を受けました。そして遠くない自分の未来に思いをはせました。

現在の日本では、高齢者の自殺、引きこもり、孤独死の増加が問題になっています。そういう話を聞くと本当に悲しくなります。たとえば日本で自殺率が高いとされている新潟県の平成26年度の調査を見てみると、高齢者の自殺がいかに多いかがわかります。80代の男性自殺率はなんと58・4％。女性も自殺者数全体の64％以上が60歳以上だというのです。

私の周りでも、働き盛りのころには仕事ばかりしていたために、老後は引きこもっている人や、たまに出かけるデイケアでもお年寄り扱いをされてぶ然としている人、年金を取り上げられてお金を自由に使えない人がいます。

お年寄りがもっと元気になるために、何かできないかしら？本当に日本はこのままでいいのかしら？　私は心に問いかけ、そして立ち上がることを決めました。

埼玉県の与野駅前で駅立ちしていたあの日から30年。滋賀県大津市に住み、過去の活動経験を活かし、すべての高齢者が元気にイキイキと生活するために、奔走したいと思っています。

大津市で実現したいこと

高齢化が進むと医療や介護の需要が増えてくるのは仕方のないことですが、社会参加が可能な元気なお年寄りも多いのです。まだまだ社会参加が可能な頼もしい存在なのです。

私は、今まで我々が培ってきた技術と経験を活かせる活躍の場づくりと、一歩を踏み出すきっかけづくりに取り組みたいと思います。

男性長寿日本一の滋賀県ですが、寝たきりで長生きしても、周りにも迷惑をかけるし、当人が一番辛いことでしょう。

①方法として登場するのが20円シールです。健康のかけはしとなり、孤独引きこもりの老人の安否確認にもなるのです。その20円シールとは、毎朝広場やお寺の庭など地域で決めた所に集まり、ラジオ体操をして、リーダーから20円シールをいただき、それを毎日貼り付け、たとえば5000円分たまったら市役所に持参して金券に変えてもらい、その金券で大津市内でお買い物をしたり、友達とランチをしたり、とにかく楽しいことに使うのはどうでしょうか。

20円シールにより、市内の老人の医療費が大幅に減ったという事例が、さいたま市ではすでに報告されています。市の政策として、ぜひ大津市でも取り上げてほしいものです。

②大津市内の70歳以上の高齢者に対して、京阪電車の割引優待券、又は回数券を発行して、お年寄りが大いに外にでて、お買い物を楽しみ、琵琶湖畔でおしゃれなランチを楽しみ、生きている幸せを毎日かみしめてほしいものです。

「シニアに希望と安心を」、これをぜひ大津市で実現するよう、強く望んでいます。実現に向け、皆で一緒に声をあげましょう。

人生百年時代に向かって、老いも若きもみんなワクワク！

叶う禅、ヨガ、写経、匂い袋にオリジナル塗香づくり、歌声喫茶（昔なつかしい～！）、脳トレ、筋トレ、そして日本一長寿の滋賀県の伝統食づくりなどなど、さまざまなイベントを開催してはどうでしょうか？

老いも若きも皆集まろう！　高齢者行事もいっぱい…。日光の三猿、見ざる、言わざる、聞かざるなんてとんでもない。見よう（好奇心いっぱい）！　言おう（堂々と）！　聞こう（若者の提言も耳を傾けよう）！

年だからと遠慮せず、おせっかいババア（ジジイ）でいいではないですか。娘にいたっては、お坊さんにかけて「坊（暴）走老人」と笑いますが、勇気、元気、やる気、そしてその気になって、元気暴走老人になりましょう！

しかしすべてに感謝の気持ちと、若い人たちに何か役に立つことを、日々念じ、楽しく過ごそうではありませんか！　老いも若きも集まろう～！　私の熱き思いです。

朝ごはんを食べる町づくり

大津に来て、心ある嬉しい朝ごはんとの出会いがありました。唐崎のある朝会に入会させていただくことになり、会の後の朝食会で山口和現（かずみ）さんの手づくりの朝ご飯が毎週楽しみでした。

お寺で育った山口さんのお料理は、どこか懐かしい昔を思い出すお料理でした。お味噌汁とご飯、野菜の煮物のおかず。私はこのような朝ご飯を、子供から若い人からお年寄りまで皆が一緒にいただく場所ができると、心も体も健康になると思ったのです。栄養ある朝ご飯を食べる町づくり、コミュニティをつくりたいと思います。

しかし主張ばかりしているのではなく、若い人達のお役に立とうではありませんか。そのキッカケをつくり、市の行政に提案していきたいと思います。

後悔よりも、今への感謝で未来へ前進

坐禅に訪れる方の中には心に後悔があって、なかなか前向きになれない方もいらっしゃいました。

その方は、長く仕事一筋の生活をされていました。ほとんど家庭を顧みることはなかったそうです。そして定年後、やっと奥様と悠々自適な生活が始まるかと思いきや、奥様に重い病気

が発覚します。

ところがその方は、自分はゴルフに行ってばかりで、奥様に献身的な看病をしなかったそうです。そして奥様は亡くなってしまいました。その方はきっと、奥様がそんなにすぐに亡くなるとは思っていなかったのでしょう。奥様の死後、自分はもっと手厚く看病をすればよかったと、深く深く後悔されていました。

そんな思いを抱え、坐禅に足しげく通っていたその方に私はこう言いました。「あなた様ももうじきそばに行けるんだから、そんなにいつまでも奥様のことを思い悩むのではなく、ご自分の楽しいことをしたらどうですか？」

それでも、その方はゴルフに行った自分を恨むばかりでした。私は「長年夫婦だったら、きっとあなた様がゴルフに行ったら、のびのびしてひとりでゆっくり自分の楽しみを見つけ、今日は食事も夫の分は用意しなくていいし、と好物の物を食べようと、それなりにご主人が留守なのをホッとしていたかも知れませんよ」と声を掛けたのです。つまりどんな悲しみも苦悩もその人の心の写しであること、自分の心の持ちようで人生変わるのです。

その方は立場のある方だったので、周りの人は気を遣って当たり障りのないことしか言えなかったようで、私のいいかげん、すなわち「良い加減」の言葉に、心が大変軽くなったと言っていました。

人間の人生に後悔はつきものです。特に死に別れた人への後悔にとらわれることもあるかもしれません。でも、私は自分を責めなくていいと思うのです。そのときそのときに、自分ができる範囲で看病をすれば、きっと満足して旅立たれたはずです。夫婦で片方が死別する人達を「没イチ」といい、全国で864万人もいるそうです。その内の6人にひとりが引きこもり、ウツ、認知症になる確率が高くなると言います。

愛する大切な人と死に別れてしまったとしても、自分の人生を大事に生きた方が、亡くなった方はきっと喜ぶと私は思います。

後悔で胸が苦しいときでも、まずは無理やりにでも今に感謝をしてみてください。そうすると、だんだんと道は開けていくはずです。

私の大好きな花園大学元学長の西村恵信先生が、よくこんなことを仰っていました。「バケツを想像してみてください。底には穴が開いていて、水がポタポタと落ちています。このバケツから水がなくなると、私たちは死の時を迎えます。でもそのバケツの水がどれくらい残っているかを、私たちは見ることができません。その水を見ることができないからこそ、私たちは安心して暮らせているのです」。

明日どうなるかは、誰にもわかりません。だからこそ、朝起きたら感謝がわくのです。辛いときこそ、今に感謝！　そうすればきっと道は開けていくはずです。

引きこもり老人はやめよう！
「一十百千万の法則」と「かきくけこの法則」で毎日元気に

私は今年75歳になりますが、お陰さまで大きな怪我も病気もなく生きてくることができました。こんなことをしたい、あんなことをしたい、こうしよう、ああしようと飛び回っている日々です。即ち**こうしよう**です（笑）。

私の幼稚園時代の幼友達から「回遊魚の尼さん」と名付けられ、嬉しくなりました。そんな私が実践している、元気の法則をここで2つご紹介したいと思います。

まずひとつめが「一十百千万の法則」です。

・一十百千万の法則

一…1日、朝一番自分の足でトイレに行き大が出たら感謝
十…1日、十人の人と会おう
百…1日、百文字を書く
千…1日、千字を読む
万…1日、一万歩あるく（難しい人は3日で）

これが私が毎日心がけていることです。

まず、朝起きられただけで感謝です。朝は、日によって違う色味を見せる大好きな琵琶湖を眺め、今日も1日が始まると思うといつも胸がわくわくします。

そして人に会うことも大切です。お友達がいなければ、お店の人でもいいのです。人と話すことで脳が刺激を受けますし、安否確認にもなるはずです。

先ほども書きましたが、今引きこもりのお年寄りがとても多いのです。私はいろいろな人にすぐに会いたいと思ってしまうものですから、手帳は常に予定で真っ黒です。たくさんの人に会うことを心がけましょう。

次に、字を書くことです。１００字というのはそんなに大した量ではありませんし、難しいことを書かなくてもいいのです。家計簿でもいいし、簡単な日記や、テレビの感想でもなんでもオッケーです。書くこと、手先を動かすことは認知症予防にも効果があると言われています。

そして文字を読むことも大事です。1000字というと多いと思うかもしれませんが、原稿用紙2枚とちょっとですから、新聞をちょっと読むだけでも簡単に達成できるはずです。

最後は歩くこと。これも大切なことです。1万歩を1日で歩くのが難しいという方は、3日で1万歩でも構いません。お年寄りに多いのが、家で転んで骨折し、入院すると認知症になってしまうというケースです。そうならないためにも、日頃から足腰を鍛えることが大切ですね。

また、歩くことで得られるのは健康の増進だけではありません。禅の世界では歩きながら瞑想することを、歩行禅といい、脳をリラックスさせたり、集中力を高めることができると言われています。海外では、社内研修に歩行禅を取り入れている企業もあるとか。健康も得られて一石二鳥ですから、ぜひ日常に歩くことを取り入れてみてください！

次にご紹介するのが「かきくけこの法則」です。

・かきくけこの法則

か…感動すること
き…記録をとること
く…工夫すること
け…健康で過ごすこと
こ…恋をすること

この「かきくけこの法則」には、日常生活を彩る工夫が詰まっています。お金をかけなくても、毎日イキイキしていれば元気に過ごすことができるのです。

まず感動すること。これは、今日のご飯がおいしかったとか、買い物に行ったらちょっとだけおまけをしてもらえたとか、どんなにささいなことでもいいのです。それをおおげさに感動してみる。それだけで、気持ちがとってても若返るはずです。

次に記録をとること。私は手帳にいろいろなことを記録していいます。年を取ると記憶が段々曖昧になっていきますから、たまにそのメモを見返してみると、どんなことがあったか思い出すことができて脳が活性化するはずです。カレンダーの端でもどこでもいいので、記録する習慣をつけましょう。

そして工夫すること。この工夫もなんでもいいのです。お料理にちょっと手間を加えてみるとか、散歩を楽しめるように散歩のコースのなかにお気に入りのスポットを見つけてみるとか。とにかく頭を使って工夫することが大事です。

次の健康は、やはりとても大事なこと。私のモットーは健康に長生きすることです。そうでなければ人生を楽しめませんから。私はこの健康を維持するために、規則正しい生活を心がけるようにしています。

何もなくても朝は5時にかならず起きます。というよりパッと目がさめてしまうのです。年寄りが早起きなのがわかりました（笑）。7時には朝食です。小食ですが、お肉やお野菜をバランスよく、3食きちんととるようにしています。朝食を抜く人や、コーヒーだけで済ませる人が増えているようですが、朝食は1日の活力になりますから、簡単なものでもしっかりとるように心がけたいものです。

最後はかきくけこのこですが、「恋」です（笑）。お年寄りが恋をしているなんていうと、たまに怒る人がいます。でも、お年寄りが恋をしながら元気でいるほうが、社会にとってはよっぽど有益だと思うのです。真剣に恋をしている人は、絶対に呆けないはず！　だからもし、自分の親御さんが恋をしているときは、心から応援できなくても見守ってあげてほしいと思います。

もう恋なんてできないという人も、なかにはいるかもしれません。でも恋といっても人それぞれです。テレビに出ているイケメンタレントでもいいし、飼っている猫ちゃん、ワンちゃんなどの動物を思い切りかわいがるのもいいと思います。それだけでも日常に彩りが出て、若返りホルモンが出てくるのです。

ちなみに今の私のお相手は羽生結弦くん！　追っかけをしているおばあちゃま族がものすごく多いそうです。テレビに映る彼の姿にはいつもドキドキ。それだけで心が、10代のうら若き乙女に戻ってしまうんです。

とにかく毎日を、ワクワク過ごすことが大事です。できるところから、ぜひ実践してみてくださいね！　カキクケコを‼

おわりに

最後になりますが、悩んでいる人に元気になるための心持ちをひとつお話ししたいと思います。それは絶対にあきらめずに、良いイメージを描き、毎日感謝を忘れないことです。

私は自分の住むマンションがとても気に入っています。１ＬＤＫのこじんまりとした部屋ですが、ひとりで暮らすにはちょうどいい大きさ。

でも同じマンションに暮らしていても、「一軒家の大きな庭付きの家に住んでいたのに、こんなところに来たくなかった」、「息子が勝手にこのマンションを買って、私は退院したらここに連れてこられた」と不満を言っているお方もいらっしゃいます。私からすれば「いいわねぇ！　親孝行息子がいて」と思います。もちろん、さまざまな事情はあるでしょう。でももしできるならば嫌な気持ちすべてを手放して、今ここにある幸せをかみしめてほしいと私は思っています。朝起きたとき、今日1日をなんとか楽しく生きていくことができるように、それをイメージするのです。

人生というのは、死ぬときに持っているお金の額や、自分の周りを囲んでくれている人の数で、その質が決まるわけではないはずです。今、あなたが生きている、その一瞬、一瞬が人生です。だからこそ、今の一瞬に感謝して生きてほしいと思います。

そして人は誰しも支え合って、皆のおかげで生きることができています。生かされている命を、御先祖様からいただいた命を大切に、その感謝の気持ちをいつも心において欲しいのです。

朝起きてトイレに行くことができることを、若い人が喜べるはずがありません。そんなことは当たり前だからです（笑）。ですが年をとればとるほど、その当たり前の出来事に感謝の気持ちが生まれます。そう考えると、年をとるほどに感謝の気持ちは強くなるはずです。

今や一生、100年時代です。

さあ、私たちの人生はまだまだこれからです!! 一緒に元気に前進しましょう。

夢は続くよ、果てしなく。

平成31年2月　小泉こうしょう（倖祥）

ライティング／上野郁美
編集協力／富岡洋子
校正協力／飯野 久
編集／小田実紀
Design＆DTP ／小田実紀
装丁イラスト／ ©123RF

本書のご注文、内容に関するお問い合わせは
Clover 出版あてにお願い申し上げます。

人生100年時代 元気で長生き 深く長息!!

初版1刷発行 ● 2019年2月15日
2刷発行 ● 2022年2月15日

著者

小泉《こいずみ》 倖祥《こうしょう》

発行者

小田 実紀

発行所

株式会社Clover出版
〒101-0051 東京都千代田区神田神保町3丁目27番地8 三輪ビル5階
Tel.03(6910)0605 Fax.03(6910)0606 http://cloverpub.jp

印刷所

日経印刷株式会社

ISBN978-4-908033-25-4 C0014